De Wielen
De Vriendschapsrace

Inna Nusinsky

Illustraties van Michael Jay Roque

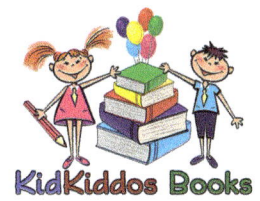

www.kidkiddos.com

Copyright©2015 by S. A. Publishing ©2017 by KidKiddos Books Ltd.

support@kidkiddos.com

All rights reserved. No part of this book may be reproduced in any form or by any electronic or mechanical means, including information storage and retrieval systems, without written permission from the publisher or author, except in the case of a reviewer, who may quote brief passages embodied in critical articles or in a review.

Alle rechten voorbehouden. Niets uit deze uitgave mag worden verveelvoudigd, opgeslagen in een geautomatiseerd gegevensbestand, of openbaar gemaakt, in enige vorm of op enige wijze, hetzij elektronisch, mechanisch, door printouts, kopieën, of op welke andere manier dan ook, zonder voorafgaande schriftelijke toestemming van de uitgever.

First edition, 2018

Translated from English by Marcella Oleman

Vertaald vanuit het Engels door Marcella Oleman

Dutch editing by Anne Visser

Nederlandstalige bewerking door Anne Visser

Library and Archives Canada Cataloguing in Publication Data
The Wheels: The Friendship race (Dutch Edition)
ISBN: 978-1-5259-0984-9 paperback
ISBN: 978-1-5259-0985-6 hardcover
ISBN: 978-1-5259-0983-2 eBook

Although the author and the publisher have made every effort to ensure the accuracy and completeness of information contained in this book, we assume no responsibility for errors, inaccuracies, omission, inconsistency, or consequences from such information.

Jonny de auto keek naar zichzelf in de winkelruit. Wat was hij knap! En wat een snelheid – hij kon zelfs raceauto's verslaan!

"Ik ben de trots van de buurt," riep hij.

Op dat moment verstoorden twee remgeluiden zijn dagdroom.

Daar stonden zijn vrienden: Mike de fiets en Scott de step.

"Hé, Jonny!" zei zijn vriend. "Alles goed?"

"Ik heb zin in een race vandaag," zei Jonny, terwijl hij zijn banden oppompte. "Maar ik heb niemand om tegen te racen."

"Wij kunnen met je racen!" zei Mike opgewonden.

"Daar zijn vrienden voor!" voegde Scott toe.

Jonny was niet heel enthousiast. "Hmmm… Een kampioen heeft een gelijke nodig om tegen te strijden."

Mike en Scott keken elkaar aan.

"Zijn wij niet goed?" vroeg Mike.

"Oh, jullie zijn goed." Jonny trok een gezicht in de glazen ruit. "Maar niet goed genoeg."

"Oké, Jonny," zei Scott. "We dagen je nu uit voor een race! Laten we over de Heuvelweg racen en zien wie er als eerste finisht."

Met een grijns dacht Jonny erover na.

Toen ze bij de Heuvelweg aankwamen, begon de race.

Het begon met een steile klim. Jonny brulde en binnen enkele seconden was hij de helling over.

Mike de fiets was al halverwege ... Maar arme Scott zat te zuchten en te steunen. Langzaam klom hij omhoog.

Jonny bereikte de heuvel en stopte. Hij keek in zijn binnenspiegel – zijn vrienden lagen ver achter hem.

Hij verveelde zich. Gelukkig was de muziek op de radio goed! Hij sloot zijn ogen en begon mee te bewegen op het ritme.

Plotseling zoefde er iets voorbij. Hij zag alleen maar rook. Mike?

Nog voordat hij een woord kon uitbrengen, kwam er nog iets voorbij. Jonny keek door de optrekkende rook – dat was Scott die hem voorbij racete!

Dat meen je niet! Hij raakte in paniek. Hij moest en zou winnen!

Een paar seconden later kwam hij aan bij de tunnel. Enorme rotsblokken blokkeerden de weg. Een auto kon hier met geen mogelijk tussendoor rijden! Zelfs de snelste auto's zoals hij niet.

Maar toen zag hij de bandensporen van Mike en Scott. Zij hadden tussen de rotsblokken door hun weg weten te vinden! Jonny zuchtte.

Wat is er leuk aan winnen als je vrienden verliezen? dacht hij.

Een paar seconden later stond Scott naast hem.

"Waarom ben je gestopt, Mike?" vroeg hij. "Je had de race kunnen winnen!"

"Ja, maar ... Jonny is daar misschien vastgelopen ..." zei Mike, terwijl hij de tunnel in keek.

Er ging een moment van stilte voorbij.

"Zullen we naar hem toe om te kijken of het goed met hem gaat?" vroeg Scott.

Er verscheen een glimlach op Mikes gezicht. "Kom!" riep hij en hij ging terug.

Bij de geblokkeerde tunnel stond een bedroefde Jonny. Hij was niet verdrietig omdat hij de race aan het verliezen was, maar omdat hij eenzaam was.

Plotseling – het geluid van wielen. Die waren van Scott en Mike!

"Mike, we verplaatsen deze rotsblokken, zodat Jonny er doorheen kan," zei Scott.

De vrienden begonnen samen de stenen uit de weg te duwen.

Het was niet makkelijk, maar ze duwden en duwden en al snel was er genoeg ruimte voor Jonny om zich ertussendoor te wringen.

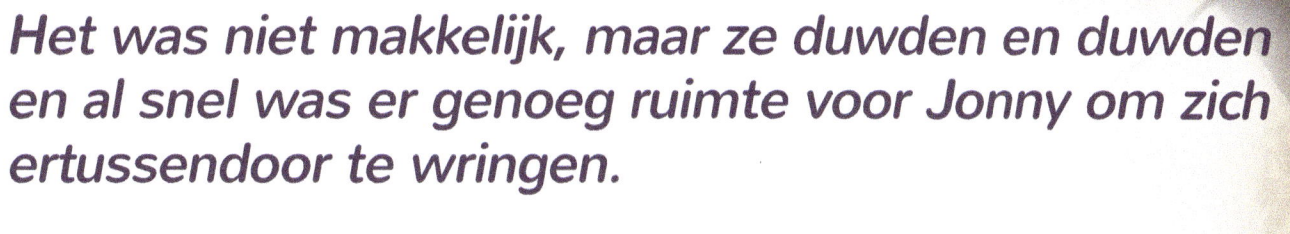

Giechelend bereikten ze het einde van de Heuvelweg.

"We hebben de race gewonnen – wij allemaal!" riepen Mike en Scott.

Alleen Jonny was stil. "Ik heb me slecht gedragen naar jullie toe," gaf hij toe. "Ik realiseerde het me pas laat, jongens, dat we samen veel meer kunnen doen. Dank jullie wel, mijn vrienden, dat jullie me geholpen hebben om dat te begrijpen!"

Plotseling was daar een applaus, gejuich voor deze heerlijke bende van drie geweldige vrienden…

Vrienden die hadden ontdekt dat geen één van hen zo goed was als zij allemaal samen.

www.ingramcontent.com/pod-product-compliance
Lightning Source LLC
Chambersburg PA
CBHW061142070526
44584CB00033B/4392